CARNET PORTATIF

POUR

L'EXAMEN DES COULEURS

PAR LE

Dr E. MILLÉE

Ancien chef de clinique du Dr Galezowski
Médecin oculiste adjoint de l'Hospice Pereire

Communication faite à la Société de Médecine Pratique de Paris

SÉANCE DU 12 NOVEMBRE 1891

PARIS

BUREAU DES PUBLICATIONS DU *Journal de Médecine de Paris*

35, BOULEVARD HAUSSMANN, 35

1891

CARNET PORTATIF

POUR

L'EXAMEN DES COULEURS

CARNET PORTATIF

POUR

L'EXAMEN DES COULEURS

PAR LE

Dr E. MILLÉE

Ancien chef de clinique du Dr Galezowski
Médecin oculiste adjoint de l'Hospice Péreire

Communication faite à la Société de Médecine Pratique de Paris

SÉANCE DU 12 NOVEMBRE 1891

PARIS

BUREAU DES PUBLICATIONS DU *Journal de Médecine de Paris*

35, BOULEVARD HAUSSMANN, 35

1891

CARNET PORTATIF

POUR

L'EXAMEN DES COULEURS

PAR LE

Dʳ E. MILLÉE

Ancien chef de clinique du Dʳ Galezowski,
Médecin oculiste adjoint de l'Hospice Péreire.

~~~~~~~~~~

Je dois dire tout d'abord que le titre de l'objet de cette présentation n'est pas absolument exact et qu'il faut être un peu spécialiste pour ne pas s'élever contre son irrégularité ; il aurait mieux valu le remplacer par celui-ci : « *Carnet portatif pour l'examen de la perception des couleurs* », qui n'a pas besoin d'explications, mais qui est un peu long.

Depuis les travaux du Dʳ Galezowski, sur la *chromatoscopie rétinienne*, et tous ceux qui ont suivi sur cette question, l'examen de la fonction visuelle pour les couleurs, a pris une très grande importance dans le diagnostic de certaines affections oculaires. On sait en effet que, dans celles-ci, la perception de telle ou telle couleur peut être abolie ou diminuée ; que le champ visuel peut être plus ou moins rétréci suivant qu'on se sert, pour l'examen, du rouge, du bleu ou du vert, etc.

Sans insister sur la dyschromatopsie congénitale ou *Daltonisme* plus ou moins complet, on sait que dans l'amblyopie hystérique, par exemple, le champ visuel du vert disparaît avant celui du rouge, puis du jaune et enfin du bleu. Il en est de même dans les atrophies du nerf optique, mais ces rétrécissements du champ visuel n'ont pas la même marche dans ces différentes maladies. Dans d'autres affections, au contraire, comme dans l'amblyopie alcoolique ou la névrite rétro-bulbaire, les couleurs sont perçues en surface,
~~~~~~~~~~

tandis que la perception au point de fixation est abolie ou diminuée, suivant des règles toujours les mêmes.

Pour pratiquer l'examen des couleurs, il existe beaucoup d'échelles chromatiques, qui toutes sont excellentes et peuvent être trouvées plus parfaites que mon carnet au point de vue du nombre des couleurs, de leur ton, etc., mais les plus portatives d'entre elles sont ou de petits livres ou de petits appareils d'un certain volume. Aussi il arrive que, pour ne pas s'embarrasser, on néglige souvent à tort de pratiquer l'examen de la fonction visuelle pour les couleurs. Pour obvier à cet inconvénient, j'avais fabriqué pour mon usage ce petit carnet que souvent des confrères m'ont fait l'honneur de trouver pratique ; c'est celui-ci que je veux vous présenter un peu amélioré et simplifié comme fabrication par un relieur qui a bien voulu m'épargner les ennuis de sa confection.

Comme vous le voyez, c'est un carré de toile noire, de 0,15 cent. sur 0,10 environ, et sur lequel sont collés six carrés plus petits (0,05 sur 0,03 et demi) de cartons, des couleurs les plus utiles en ophthalmologie, bleu, rouge, vert, jaune et blanc. A la place d'un des carrés blancs, j'aurais pu mettre une autre couleur, le violet, par exemple, mais cela eût compliqué les choses, et je m'en suis tenu aux quatre couleurs indispensables. Des ophthalmologistes pourront m'objecter que le jaune non plus n'est pas indispensable et que j'aurais pu, puisque je voulais simplifier, le supprimer. Cela est un peu vrai, mais outre que le jaune est plus utile que le violet, j'avoue que j'ai un peu sacrifié au coup d'œil. Il m'eût fallu mettre un carré blanc à la place du jaune et laisser la toile nue ou encore blanche à la place des deux carrés blancs ; j'ai préféré les laisser ainsi.

Les deux carrés blancs, en dehors de leur utilité pour l'examen du champ visuel, ont surtout pour fonction de servir d'étui au carnet, et de protéger les couleurs des petits cercles colorés qui sont du côté opposé aux carrés et qui servent à l'examen de la vision centrale.

Entre chacun des carrés il y a un petit espace laissé libre qui permet de les plier de telle façon qu'on puisse présenter au malade une seule couleur à la fois.

Fermé, ce carnet n'a pas plus de 0,05 centimètres sur 0,03 environ et une épaisseur de 3 à 4 millimètres. Ce volume permet donc de le mettre dans toutes les boîtes d'ophthalmoscope, ou, ce qui m'arrive le plus souvent, dans une poche de gilet.

Si j'avais pensé qu'il pût être utile seulement à des spécialistes je n'aurais pas abusé de vos instants à vous entretenir de ce petit appareil, mais parmi les praticiens de province surtout il y en a beaucoup qui sont médecins des compagnies de Chemins de fer et auxquels ce carnet, qui n'a que la prétention d'être simple, pratique et d'un prix de revient très peu élevé, pourra rendre de réels services.

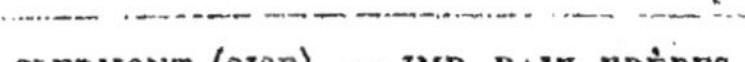

CLERMONT (OISE). — IMP. DAIX FRÈRES.

226